A Presença Vem de Berço

GUIA ESSENCIAL PARA PAIS CONSCIENTES

Jefferson Barcelos

A Presença Vem de Berço

GUIA ESSENCIAL PARA PAIS CONSCIENTES

1ª Edição

Editora Koceno

Rio de Janeiro – RJ
Editora Koceno
2023

Dados Internacionais de Catalogação na Publicação (CIP)
Angélica Ilacqua CRB-8/7057

Barcelos, Jefferson
    A presença vem de berço : guia essencial para pais
conscientes / Jefferson Barcelos. -- Rio de Janeiro,
RJ : Editora Koceno, 2023.
    140 p.

ISBN 978-85-68488-37-9

1. Pais e filhos 2. Desenvolvimento pessoal 3. Vida
cristã I. Título

22-6973   CDD 306.8743

Índices para catálogo sistemático:

1. Pais e filhos

Copyright by *Jefferson Barcelos*

Projeto gráfico e Capa
Jefferson Barcelos

Diagramação
Elo3 Design Editorial

Imagens
Freepik

Revisão
Cláudia Hontana Rattis

contatos com o autor:
jeffersonbrj@gmail.com
@JeffinhoBarcelos

Elo3 Design Editorial
CNPJ: 43.025.625/0001-10
www.elo3designeditorial.com.br
Facebook/Instagram: @elo3designeditorial
Contato: 19 99692-3673 | elo3design@gmail.com

2023

Impresso no Brasil

Dedico ao meu lar e todos os alunos e famílias que tive o prazer de conhecer e compartilhar experiências como pai e educador. Este livro não é um manual de instruções, porque não há um único caminho certo para a criação dos filhos. Cada criança é única e cada família é única em sua própria maneira. Mas que ao lermos este livro, possamos ter a oportunidade de mergulharmos em nossa maior missão, sermos pais presentes desde o berço.

Jefferson Barcelos

JEFFERSON BARCELOS é natural
do Rio de Janeiro, casado, pai, pedagogo,
cristão e defensor da família.

Sócio-proprietário de instituição
de ensino há mais de dez anos, é analista
de perfil comportamental *CIS Assessment*
e um entusiasta da neurociência.

PREFÁCIO

Muitos dizem que filhos não vêm com manual de instruções, mas a verdade é que a vida em si não vem com um guia definitivo. Crescemos com referências, aprendemos com nossos pais, cometemos erros e acertos, mas nada se compara à responsabilidade que vem com a chegada de uma criança em nossas vidas.

Como pais, somos constantemente desafiados a encontrar nossos próprios caminhos e a aprender através da experiência, às vezes dolorosa, de fazer o nosso melhor.

É com grande satisfação que apresento este livro de Jefferson sobre a presença dos pais na primeira infância, um tema de extrema importância e relevância para a formação e desenvolvimento dos nossos filhos.

A presença dos pais nos primeiros anos de vida das crianças é fundamental para o seu crescimento físico, emocional e cognitivo. É nesse período que se estabelecem os vínculos afetivos, o qual são a base para o desenvolvimento de habilidades sociais e emocionais, tão importantes para o sucesso na vida adulta.

Neste livro, Jefferson explora diferentes aspectos da paternidade e maternidade nos primeiros anos de vida da criança, mostra como é possível estabelecer uma relação saudável e afetiva com seu filho, mesmo em um mundo cada vez mais acelerado e cheio de desafios.

Por meio de histórias, exemplos e pesquisas científicas, você vai aprender a importância da presença dos pais na vida dos filhos, além de dicas práticas e orientações que vão ajudá-lo a construir uma relação amorosa, equilibrada e segura com seu filho.

Espero que este livro seja uma fonte de inspiração e conhecimento para todos os que desejam ser pais presentes e participativos na primeira infância dos seus filhos.

Marcos Piangers

SUMÁRIO

A QUEM SE DESTINA?

Este livro destina-se a todos que, por escolha consciente ou não, se encontram categorizados socialmente como Pai ou Mãe, biológico ou não.

Quero deixar registrado neste primeiro momento que eu, Jefferson, tenho dificuldade de aceitar a possibilidade de um ser humano dizer que não escolheu ser pai ou mãe, pois a partir do instante em que se colocou em um relacionamento ou contato íntimo com outra pessoa, conscientemente ou não, sua escolha já foi feita!

Portanto, a quem escolheu, ou diz que não escolheu — salvo a possibilidade de loucura ou dissimulação — que uma coisa fique registrada: a decisão também foi sua, pois assumiu os riscos e as responsabilidades. Agora, aproveite o melhor desta experiência única.

Em se tratando de ser filho biológico ou adotivo, os relatos bíblicos não deixam dúvidas de que essa categorização social não teve relevância nenhuma para o próprio Jesus. Naturalmente falando, Jesus seria filho adotivo de José, mas em diversos momentos ele foi reconhecido como "filho de Davi", de cuja linhagem vem José, pois este também era chamado de filho de Davi. Como José era descendente direto do rei Davi, Jesus também tinha o direito de ser reconhecido como tal. Mas talvez você, se não está familiarizado com essa história, pode estar pensando que as pessoas o reconheciam como filho de Davi porque José e Maria não contaram a ninguém que o menino não era filho biológico de José. É verdade que eles não gritaram nas esquinas esse fato, mas a Bíblia também mostra que esse reconhecimento parental já estava presente na anunciação do anjo Gabriel a Maria:

> *Mas o anjo lhe disse: 'Não tenha medo, Maria; você foi agraciada por*

Deus! Você ficará grávida e dará à luz um filho, e lhe porá o nome de Jesus. Ele será grande e será chamado Filho do Altíssimo. O Senhor Deus lhe dará o trono de seu pai Davi, e ele reinará para sempre sobre o povo de Jacó; seu Reino jamais terá fim (Lucas 1:30-31).

O anjo se refere a Davi como pai de Jesus, portanto claramente Deus não o categoriza assim por fatores biológicos. Levando por esse entendimento, se você recebeu a missão semelhante à de José, saiba que o seu posicionamento determinará se você tem um filho ou não; se você continuará sua descendência através deste ou não. José escutou a voz de Deus e reconheceu seu filho Jesus; o povo reconheceu Jesus através de José; e assim, certamente o mundo pode entender o sentido da missão de ser pai.

Realize sua leitura de coração aberto e se permita mudar de ideia, pois nenhum de nós precisa ter compromisso com o erro.

A TRANSFORMAÇÃO DA PRESENÇA

Ser pai é uma dádiva que só percebemos quando participamos das nossas obrigações, nos permitindo gerar conexões, produzir ocitocina, que ficou conhecida também como o hormônio que promove sentimentos de amor, e que geramos através do contato físico com nossos pequenos, assim como a mãe também produz ao promover as contrações musculares uterinas durante o parto e a segregação do leite durante a amamentação. Se os pais se permitirem fazer o que lhes cabe como tal: colocar pra dormir, fazer arrotar após a amamentação, dar banho, entre todos os cuidados que um filho exige, também será agraciado com o hormônio do amor, pois a ocitocina é aumentada através dos contatos físicos, abraços, massagens, atividade física, atividades como canto e leitura, entre outras. Não perca a oportunidade de amar o presente que você tem sob sua tutela; cuide dele, cante e leia com ele e pra ele; permita-se amar, e viver o melhor desta Terra!

"Declare a seus filhos
que eles não estão no
rodapé de sua vida,
mas nas páginas
centrais da sua
história."

Augusto Cury

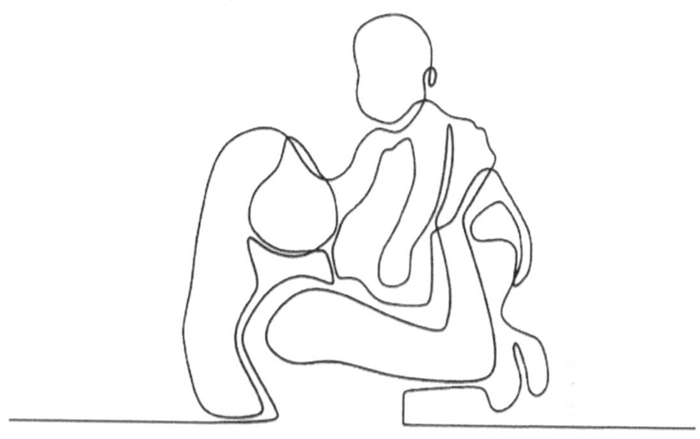

CAPÍTULO 1

AS MÚLTIPLAS FORMAS DE AMOR

Se perguntarmos aos pais qual sentimento eles nutrem pelos seus filhos, em condições normais, certamente ouviremos "amor" como resposta uníssona, mas será que esse amor que acreditamos entregar é de fato compreendido por nossos filhos?

Vivemos claramente fortes influências linguísticas e culturais de outros tempos e povos.

Para o epicentro deste capítulo é importante falar de um ponto em que ficamos deficitários — ou até mesmo empobrecidos — na maneira de expressar e se fazer entender de forma eficiente e com grande sobra de efetividade.

Os gregos antigos tinham mais que uma palavra para definir o amor. Isso porque, para eles, o amor não era só aquele que sentimos quando estamos em um relacionamento amoroso (*Eros*). Também sentimos o amor de um amigo, que muitas vezes é mais chegado que um irmão (*Philia*). Por fim, o mais eloquente de todos é o amor incondicional, que é o mais completo e sublime (Ágape), o tipo de amor que entrega a própria vida sem medir consequências ou benefício próprio.

Eros, Philia e Ágape são 3 tipos de amor definidos pelos gregos e utilizados por muitos autores até os dias atuais.

Trazendo para o nosso cotidiano, muitas vezes usamos a frase "Eu te amo", fazendo referência ao amor de forma única, sem a clareza ou colocação específica que o momento, a pessoa ou a circunstância necessitam para entender e receber o sentimento que de fato gostaríamos de passar.

Com os nossos filhos isso não é diferente. Pelo fato de usarmos demasiadamente a palavra "amor", por vezes, quando tentamos expressar aos nossos filhos o sentimento profundo e verdadeiro que temos por eles, acabamos não passando com efetividade a mensagem desejada. Afinal, em alguns casos, eles já perceberam o uso da palavra "amor" em outros momentos, em que tanto as crianças como alguns adultos não conseguem distinguir a qual tipo de amor está se referido. Por exemplo, quando estamos compartilhando com a família, após o almoço em um dia especial, a nossa sobremesa preferida — no meu caso, o sorvete —, temos a inclinação de falar algo do tipo: "Eu amo sorvete!"; e segundos depois, por estarmos contemplando um momento feliz em família, antes de levar a primeira colher à boca, ainda podemos completar com um lindo e sonoro "Eu amo vocês!", nos referindo de maneira muito semelhante à afirmação de amor ao sorvete.

Veja que, de maneira simples e corriqueira, temos diversas possibilidades de contribuir com o empobrecimento da expressão do amor, e assim dificultar que nossos filhos percebam que verdadeiramente são amados por nós.

Tenho a certeza de que, em algum momento da vida, você presenciou o uso da palavra "amor" quando ela não apresentava congruência com a realidade apresentada.

Alguns pais, na tentativa de corrigir seus filhos, usam a falta de controle, excessos injustificáveis, desrespeito, entre outros métodos ineficazes; e para mitigar a ação, afirmam, de forma contundente: "Eu só fiz isso porque eu te amo". Qual sentido de amor você acredita que esse uso da palavra, precedida de más ações, manifestará nos filhos?

A correção é de suma importância, mas não podemos associar o nosso amor a uma forma errônea de conseguirmos fazer com que nossos filhos realizem as ações que queremos. Se não há justiça, empatia, respeito nem sabedoria, não pode haver amor.

> *O amor é paciente, o amor é bondoso, não inveja, não se vangloria, não se orgulha, não maltrata, não procura seus interesses, não se ira facilmente, não guarda rancor, o amor não se alegra com a injustiça, mas se alegra com a verdade, tudo sofre, tudo crê, tudo espera, tudo suporta (definição bíblica, 1 Coríntios 13:4-7).*

Na tradução original desta afirmação, a palavra "amor" usada é "ágape", o tipo de amor incondicional e perfeito de Deus.

É vital falarmos que os amamos no momento certo, propício à compreensão emocional, dando sentido e significado a essa palavra que tem o poder de transformação. Quando os acolhemos de um choro proveniente de uma queda natural de criança que brinca de correr, por exemplo, podemos afirmar, ao dizer "Eu te amo", que o amor protege, cuida, acalenta e cura. Muitas vezes essa cura vem de um beijo amoroso no local machucado, como um remédio milagroso que lhe permite parar de chorar e voltar a brincar imediatamente.

Quando dedicamos tempo de qualidade aos nossos filhos e, em uma brincadeira simples, temos a felicidade de arrancar em rosto puro aquele sorriso que demonstra notadamente um instante que eles desejam que nunca acabe, este é um momento perfeito de os abraçarmos, olharmos no fundo dos olhos, desligarmo-nos de tudo e dizermos "Eu te amo!". Nessa circunstância, possibilitamos aos nossos pequeninos a oportunidade de associarem um momento de entrega, alegria, dedicação e atenção única, ao amor referido. Nessas condições, a mensagem tem muito mais sentido para criança.

Pontos importantes:

1- Estamos bem cientes dos efeitos positivos do amor em todas as áreas

da vida. O amor age como um me-
dicamento sem contraindicações,
como uma ferramenta eficaz para
qualquer adversidade. É um sentimento com poder de cicatrização
física e emocional, capaz de produzir efeitos que ajudam a melhorar a
saúde e o bem-estar.

2- Mais que os significados das palavras,
não podemos negligenciar as nossas ações. A linguagem não-verbal é
uma forma de comunicação impla-
cável; dê ao seu filho amor genuíno,
sem reservas e sem possibilidades
de interpretações equivocadas.

"*A prova de sucesso da nossa ação educativa é a felicidade da criança.*"

Maria Montessori

CAPÍTULO 2

CONSOLIDANDO O AMOR NA MEMÓRIA DE NOSSOS FILHOS

Não há nada mais importante e acalentador para nós, pais, que a certeza de que nossos filhos se sentem amados. O ser humano, desde os primeiros relatos de vida, sempre teve uma necessidade latente de pertencer a grupos. Pesquisadores como Baumeister e Leary discutiram isso pela primeira vez em 1995. Essa motivação é o desejo de formar laços sociais positivos que sejam significativos e duradouros.

Nós, os pais, temos uma expressiva participação no processo de criação de memória, que trará aos nossos filhos o senso de pertencimento para tomadas de decisão equilibradas e seguras. Nossa participação perpassa pela entrega de tempo de qualidade e amor que façam sentido à existência deles.

Precisamos que nossos filhos tenham memórias afetivas que fortaleçam suas relações com os outros e com o mundo que os rodeia. No entanto, se eles não tiverem lembranças parentais que lhes tragam segurança e clareza de sua própria identidade, não podemos garantir que colherão o melhor da jornada aqui na Terra. É necessário que os lembremos, todos os dias, de que eles são amados, valorosos e únicos.

Voltando para a memória, nós, pais, muitas vezes sabemos o que fazer em caso de febre, desarranjo, dor de garganta, entre diversas outras contrariedades que atacam a fisiologia humana, mas não sabemos como podemos ajudar nossos próprios filhos a formarem memórias que os deixarão mais fortes para o mundo.

O cérebro da criança, assim como o do adulto, tem uma capacidade de aprendizado e processamento incrível, a que nem o melhor computador do mundo conseguiria se comparar. Em se tratando da criança, temos uma grande vantagem: pelo fato de ela ainda estar com sua criticidade em desenvolvimento, esta se torna solo fértil para formarmos uma configuração mental sólida e propícia ao crescimento saudável.

Certamente todos nós já ouvimos falar que "uma mentira dita mil vezes torna-se verdade". Essa célebre frase de Joseph Goebbels, ministro da propaganda na Alemanha Nazista, continua sendo mentira; no entanto, há um fundamento neurocientífico interessante nessa falácia:

O cérebro humano é altamente sugestível, e acredita nas histórias que contamos a ele repetidamente, principalmente em um ambiente em que temos intimidade, relações de confiança e admiração. A criança, por não estar lapidada na criticidade, acredita em tudo que nós, pais, falamos a ela. Acredita no Papai Noel, coelho da Páscoa, bicho-papão; ou seja, acredita em coisas absurdas para nós, mas que foram contadas por uma pessoa com quem ela tem intimidade, e por quem tem atenção, admiração e amor.

Sabendo disso, podemos usar nossa influência sobre nossos filhos, de forma a fazermos com que eles acreditem em suas próprias capacidades.

A Bíblia relata a história do rei Salomão, e o coloca como o homem mais sábio que existiu em toda a Terra. Segundo o relato, essa sabedoria lhe foi entregue por Deus após um sonho:

> *Naquela noite Deus apareceu a Salomão e perguntou: — O que você quer que eu lhe dê?*
>
> *Ele respondeu: — Tu sempre mostraste um grande amor por Davi, o meu pai, e deixaste que eu ficasse*

como rei no lugar dele. E agora, ó Senhor Deus, cumpre a promessa que fizeste ao meu pai. Já que me fizeste rei de um povo tão numeroso como o pó da terra, dá-me sabedoria e conhecimento para que eu possa governá-lo. Se não for assim, como poderei governar este teu grande povo?

Deus disse a Salomão: — Visto que você pediu sabedoria e conhecimento para governar o meu povo, de quem eu fiz você rei, em vez de pedir riquezas, bens, ou honras, ou a morte dos seus inimigos, ou vida longa, eu lhe darei sabedoria e conhecimento. E lhe darei também mais riquezas, bens e honras do que qualquer outro rei teve antes de você ou terá depois (1 Reis 3:7-12).

Para quem não está familiarizado com a narrativa bíblica, vale lembrar que Salomão foi coroado rei quando tinha aproximadamente 15 anos, o que nos dá a certeza de que ele teve um pai presente, que o orientou e preparou para os desafios que certamente encontraria em sua vida.

O que faria um jovem, ao ter um encontro com Deus — com a possibilidade de pedir qualquer coisa —, optar por sabedoria para governar o seu povo? Com a mais absoluta certeza, foi uma forte influência de seu pai.

O próprio rei Salomão, quando escreveu o livro de Provérbios, relatou, nos capítulos 3 e 4, os ensinamentos que seu pai, o rei Davi, lhe passara. Em todo momento ele foi orientado quanto à importância da busca pela sabedoria; portanto, quando foi indagado pelo próprio Deus, não precisou nem pensar, pois já tinha a certeza do que era mais importante para a sua vida.

Quando eu era menino, ainda pequeno, em companhia de meu pai, um filho muito especial para minha mãe, ele me ensinava e me dizia: "Apegue-se às minhas palavras de todo o coração; obedeça aos meus mandamentos, e você terá vida.

Procure obter sabedoria e entendimento; não se esqueça das minhas palavras nem delas se afaste.

Não abandone a sabedoria, e ela o protegerá; ame-a, e ela cuidará de você.

O conselho da sabedoria é: procure obter sabedoria; use tudo que você possui para adquirir entendimento.

Dedique alta estima à sabedoria, e ela o exaltará; abrace-a, e ela o honrará.

Ela porá um belo diadema sobre a sua cabeça e lhe dará de presente uma coroa de esplendor".

Ouça, meu filho, e aceite o que digo, e você terá vida longa.

Eu o conduzi pelo caminho da sabedoria e o encaminhei por veredas retas.(Provérbios 4:3-11)

Percebemos que Davi, pai de Salomão, usou da possibilidade de sugestionar o cérebro de seu próprio filho, fortalecendo-o mentalmente para uma tomada de decisão rápida e equilibrada, e evidentemente, naquela época, ele não tinha as informações que hoje podemos ter sobre o cérebro da criança. Mas o relato nos mostra que Salomão andava em companhia do seu pai, a ponto de se lembrar de seus ensinamentos, ou seja, Davi era presente na vida de seu filho! Mostra-nos também que Salomão percebe o amor que sua mãe lhe entregou; ele se sentia pertencente, amado e importante.

Devemos estar atentos à necessidade de pertencimento de nossos filhos; entregar a atenção por que eles anseiam, com os limites de que eles precisam. Presença e amor na linguagem certa, pois quando negligenciamos essa nossa atribuição, por vezes, corremos o risco de ver nossos filhos buscarem suprir essas necessidades em outros grupos. E em se tratando de adolescentes, essa pode ser uma oportunidade para que nossos jovens se envolvam com más companhias, buscando preencher um vazio que nós, os pais, não preenchemos quando éramos protagonistas das influências recebidas por eles.

Pontos importantes:

1- O cérebro da criança é altamente sugestionável. Acredita nas histórias contadas repetidamente, principalmente em um ambiente de intimidade, portanto temos muita responsabilidade na formação de nossos filhos.

2- Quando nossos filhos não se sentem pertencentes à própria família, eles certamente buscarão um ambiente que preencha essa lacuna. Precisamos fazer a nossa parte com sabedoria, para não darmos brechas a más companhias.

"Investir na educação
dos filhos é o melhor
patrimônio que se
deixa como herança."

(Antonio Castro)

CAPÍTULO 3

DESCUBRA E AME O FILHO QUE VOCÊ TEM

É inevitável encontrarmos próximo de nós, pais que decidem tudo pelos seus filhos. Começo este capítulo com essa afirmação, pois tenho a certeza de que, se você não percebe um pai com esse comportamento por perto, talvez você seja ele!

Certa vez estávamos recebendo os pais no portão da escola, quando fomos questionados se realmente era importante o uso do uniforme. Nesse tempo estávamos trabalhando em uma comunidade onde os pais eram muito exigentes, mas um tanto quanto sem modos. Estávamos em uma fase de reforçar as regras e rotinas da escola, e esse posicionamento estava deixando nosso público escolar com desconforto e irritabilidade.

Expliquei à família que o uso do uniforme promove um sentimento de pertencimento entre os alunos, o que é fundamental para o desenvolvimento psicossocial da criança. A segurança proporcionada pelo uso dos uniformes escolares também é um fator muito importante para facilitar a identificação dos alunos, dentro e fora da escola, mas esse questionamento me levantou uma dúvida: Estaríamos usurpando dos alunos a possibilidade de escolher o que vestir? Não, pois na minha escola, mesmo tendo o uso do uniforme obrigatório, o pai atento pode deixar a criança optar pelo que vestir!

Ao arrumar o filho para ir à escola, ele pode escolher entre calça ou bermuda, entre camiseta ou blusa de manga, ou até mesmo qual acessório usar, anel ou pulseira? Enfim, sempre temos oportunidade de dar aos nossos filhos o direito de escolha, mesmo quando há regras claras a seguir.

No entanto, o cérebro humano continuamente busca um resultado positivo para justificar as ações negativas. Pais autoritários justificam seu comportamento como superproteção; pais ausentes falam que ficam muito tempo fora porque estão buscando um futuro melhor para o filho; e os pais que decidem pelos filhos, acreditam firmemente que as escolhas deles são as melhores opções que o filho pode ter.

A grande questão é que os pais que decidem pelos filhos perdem a oportunidade de conhecer as preferências mais singulares dos pequenos. Muitas vezes, essas decisões passeiam mais longe que apenas as vestimentas ou acessórios, e chegam a decisões que verdadeiramente devem ser tomadas de acordo com a particularidade, predisposição ou até mesmo

perfil comportamental de cada indivíduo. Refiro-
-me a carreiras profissionais e propósito de vida.

Será que esse comportamento os leva a conhecer e a amar os próprios filhos? Será que esses pais são capazes de abrir mão do próprio sonho e dar a oportunidade aos filhos? Pais frustrados em suas carreiras e sem propósito claro de sua jornada na vida, tendem a ter os filhos como salvadores do seu destino, e dessa forma imputam nos filhos a responsabilidade de realizar os sonhos frustrados de suas próprias vidas, de viverem os sonhos deles.

Muitas vezes, esses pais cobram excessivamente comportamentos que nem eles foram capazes de demonstrar quando crianças. Certa vez, em contato com uma família, tive a certeza de que estávamos falando de crianças diferentes, pois eles desenhavam os sonhos como da criança, e eu claramente percebia que ela não recebeu nenhuma outra opção, a não ser reproduzir como dela os sonhos dos pais.

É necessário muita presença, maturidade e amor, para sermos justos com nossos filhos. Eles precisam de pluralidade de estímulos, e de nossa atenção e percepção para continuarmos alimentando aquilo que os faz felizes; aquilo que notavelmente eles nasceram para fazer. Todos nós temos um potencial incrível para realizar algo. Algumas pessoas ainda estão com esse potencial intacto, pois não tiveram pluralidade de estímulos, e assim não conseguiram, ainda, descobrir qual a sua missão nesta Terra. Mas nossos filhos não precisam passar por isso. Se formos pais presentes de berço, podemos explorar o máximo de todas as suas possibilidades.

Os adultos, quando pensam no futuro dos filhos, muitas vezes não pensam como criança. E aí se encontra uma grande chave na falta de realizações pessoais dos pais: geralmente adultos pensam no valor das coisas, enquanto as crianças pensam em ajudar pessoas.

Quando perguntamos aos pequenos o que gostariam de ser quando crescer, geralmente escutamos coisas como: "Eu quero ser bombeiro". Se seguimos a pergunta com um simples "por quê?", talvez recebamos a resposta: "Para salvar pessoas, cuidar", ou algo do tipo. Talvez digam que querem ser professores, para ensinar as crianças a ler. Ser policial, para proteger as pessoas. Sempre pensando no impacto na vida dos outros.

Alguns pais, preocupados com o futuro dos filhos, tentam direcioná-los a atividades que lhes tragam alguma garantia financeira. Essa é uma porta que muitos pais acabam usando para decidir a vida profissional dos filhos; acreditando que, por serem crianças, não conseguem ainda expressar os próprios sonhos.

Dê-se a oportunidade de conhecer seu filho e amar as coisas que ele ama; viver os sonhos dele, respeitar suas escolhas e incentivá-lo onde claramente ele apresenta suas predisposições. No fim das contas, já é hora de sabermos que ter dinheiro não tem nada a ver com ter riqueza. E é impossível encontrar riqueza sem antes encontrar a felicidade; por isso, garanta o direito de seu filho receber amor da maneira como ele é, e faça o máximo para que ele seja feliz acima de tudo. Aí, sim, seremos e teremos filhos verdadeiramente ricos.

Pontos importantes:

1- Pais frustrados em suas carreiras e sem propósito claro de sua jornada na vida tendem a ter os filhos como salvadores do seu destino, e dessa forma imputam nos filhos a responsabilidade de realizar os sonhos de suas próprias vidas.

2- Assim como cada planta tem suas necessidades de acordo com suas características, seu filho também tem as próprias características e necessidades únicas. Descobrir em qual ambiente ele vai florescer é tarefa dos pais, mas para isso é preciso experienciar diversas possibilidades, respeitando principalmente suas escolhas. É preciso estar atentos, até mesmo às decisões mais simples de nossos pequenos.

"Cérebros brilhantes também podem produzir grandes sofrimentos. É preciso educar os corações."

Dalai Lama

CAPÍTULO 4

A PREMISSA É A FELICIDADE

É impossível acreditarmos que uma criança crescerá saudável sem ter como premissa de sua existência a felicidade. Maria Montessori deixa isso muito explícito, quando afirma em uma de suas célebres frases que "a prova do sucesso em nossa ação educativa é a felicidade da criança".

No início da minha atividade como sócio-proprietário de escola, há alguns anos, tive a felicidade de conhecer, em minha instituição, um aluno brilhante chamado Thales. Nessa época, ele tinha 5 anos de idade e estava alocado na educação infantil, mais precisamente na pré--escola II, último ano desse ciclo escolar, período da manhã. Thales notavelmente se destacava entre os alunos da turma; sua comunicação e compreensão das atividades da classe eram surpreendentes. Na ocasião, ainda havia uma possibilidade legal do aluno fazer uma reclassificação através de avaliações de conteúdo, para avançar a etapa escolar de acordo com seu nível de conhecimento.

O responsável do Thales, sabendo dessa possibilidade, começou, de forma insistente, a solicitar que o aluno passasse por um processo de avaliação para estudar no 1º ano do ensino fundamental, etapa que se inicia com 6 anos completos. Conversamos com a família e explicamos que Thales estava feliz em sua turma; e que a escola percebia ser mais interessante que ele continuasse na educação infantil, pois na pré-escola ele era um grande destaque, e na turma da série à frente ele poderia ser mais um aluno mediano.

Nas semanas seguintes, começamos a perceber que Thales estava demonstrando interesse na mudança de turma. Claramente estávamos presenciando uma forte influência por parte do responsável, criando uma expectativa na criança de que a turma dos meninos maiores era muito mais interessante que a da educação infantil. Daí em diante, Thales foi se desinteressando cada vez mais pelo vínculo da classe que ele frequentava, reforçando assim o pedido do responsável, que tinha agora como argumento, que o filho estava perdendo o interesse, por conta da facilidade das atividades propostas pela educação infantil.

Então resolvemos, em senso comum, fazer um período de teste. Aproveitamos as avaliações do 1º bimestre e colocamos o aluno, por coincidência, na semana de provas da nova turma. Thales nos surpreendeu, não atingindo a melhor nota das avaliações, mas conseguindo resultados expressivos entre os novos colegas. Com louros, ele vivenciou a primeira semana. Thales estava radiante com todos os elogios e validações que o pai lhe prestava na saída da escola. No entanto, o período de avaliação acontecia em horário reduzido, e os alunos não tinham o quadro de rotina completo durante esse processo. Na semana seguinte, todas as atividades voltaram à normalidade, e para surpresa somente da família, nessa segunda semana Thales começou a apresentar uma indisposição para ir à escola, a ponto de, por um momento, ele indagar à professora por quanto tempo a turma brincaria no parquinho. Ela lhe explicou que no 1º ano do ensino fundamental a turma brincava no parquinho em período menor, pois o calendário de atividades dessa turma era mais extenso. Nesse instante, o menino apresentou uma imensa insatisfação. A escola percebeu claramente que os anseios da família não estavam sendo a melhor escolha para o aluno.

Na educação infantil, Thales tinha todas atividades apresentadas de forma lúdica; tinha muitos momentos de brincadeiras; visitava o parquinho da escola todos os dias na chegada e antes da saída. E de repente ele se deparou com uma realidade que não o fazia feliz. O encanto que seu responsável havia lhe prometido e convencido a viver, não era real; apenas atendia aos desejos da família, deixando para segundo plano o direito da criança de viver cada momento de sua jornada com alegria, cada segundo de sua vida respeitando sua idade, sua maturidade e suas escolhas.

Inúmeras vezes, por preciosismo ou falta de conhecimento, muitos pais querem avançar as etapas dos filhos, sem ao menos buscar entender o quanto suas soberanas decisões podem influenciar no desenvolvimento dos pequeninos.

Thales tinha conhecimentos cognitivos para estar em um período superior ao grupo de sua idade; no entanto, ainda não apresentava maturidade emocional para atender a demanda, para atender aos anseios dos pais.

Após esse acontecimento, nós nos posicionamos com a decisão de respeitar o melhor para Thales. E como consequência à nossa decisão de manter o aluno em sua turma de origem, a família encerrou a matrícula em nossa escola. Não ficamos sabendo em qual turma os responsáveis do Thales o matricularam em outra instituição, mas é fato o que diz a frase de Montessori no início deste capítulo: "Não haverá sucesso no processo educativo de nenhuma criança se a premissa da ação educativa não estiver pautada na felicidade".

Recentemente recebi a ligação de uma amiga de nossa família — Fernanda, como a chamarei neste relato —, em que ela buscava orientações sobre decisões pedagógicas que dizia precisar tomar, a respeito da escola de sua filha, uma menina linda e muito dedicada às atividades escolares. No entanto, Fernanda estava vivendo um momento de grande insatisfação com a escola da pequena, principalmente pelo fato de a entidade não participar aos pais as suas decisões internas.

Por ser sua primeira filha, Fernanda inclinava todas as suas energias para que ela pudesse vivenciar as melhores experiências. Quando a mãe se deparou com a impossibilidade de sugestionar a rotina e atividades diárias da menina, viu-se frustrada e com a sensação de ter escolhido a instituição errada para confiar seu maior tesouro, a sua filha.

Nesse momento é fácil notar a necessidade de Fernanda, de exercer o controle sobre tudo que envolve sua filha, e quando percebeu a sensação de domínio — que lhe é sinônimo de tranquilidade — escorrendo pelas mãos, colocou-se em movimento para retomar aquilo que lhe é importante, o controle!

Fernanda me contou que estava visitando outras escolas, e cada uma apresentava uma proposta diferente. Esse movimento de busca a deixou com mais um problema: nesse momento, além da insatisfação apresentada na escola atual, ela passou a ter dúvidas de qual método, estrutura, promessas milagrosas de balcões de escola seria a melhor opção para sua filha.

Percebi, durante nossa conversa, que a necessidade de trocar de escola era por questões pontuais e pessoais, mais precisamente pela falta de flexibilidade da instituição em detrimento dos desejos dos pais. Fernanda me relatou que sua filha amava ir para a escola, e que ela percebia muito cuidado, carinho e atenção com sua pequena. Decerto eu estava novamente diante de um caso em que os anseios dos pais estavam se sobrepondo à felicidade dos filhos. Expliquei a nossa amiga que o processo educativo eficaz tem como uma de suas premissas a felicidade da criança; não há como separar aprendizagem e felicidade dos pequeninos. A criança, em sua fase escolar, já passa por novas adaptações, e cada mudança de ciclo é um novo momento: quando passa da educação infantil para o ensino fundamental, anos iniciais; depois quando passa para os anos finais; depois para o ensino médio; e assim a vida toda. Por isso, quando pensarmos em fazer mudanças na rotina de nossos filhos, é importante que aproveitemos esses momentos pré-definidos, em que o curso natural já proporcionará um novo momento.

Fernanda, em nossa conversa, percebeu que sua filha já tinha um vínculo social, uma rotina, um senso de pertencimento, e era feliz naquele espaço. Percebeu que a nova adaptação, na verdade, quem precisava ter era ela. Percebeu que o mais importante para nossos filhos, algumas vezes pode ferir o que é mais importante para nós como pais; e que a adaptação escolar, adaptação de vida, passa primeiramente por nós. Precisamos amadurecer em nossas reais necessidades, para não sermos injustos com as necessidades dos outros. Nesse caso, o outro é parte de nós. Talvez — para não dizer certamente —, esse outro somos nós por inteiro.

Pontos importantes:

1- A busca pela felicidade é um dos combustíveis mais presentes no motor que gira o mundo. Na maioria das vezes, é ela que impulsiona as pessoas a estudarem, trabalharem, terem fé, realizarem coisas, juntarem dinheiro, fazerem amigos etc. Para nossos filhos não é diferente: o processo educativo deles necessita do combustível da felicidade, e nós somos verdadeiramente os responsáveis por abastecer essa energia vital na vida dos nossos pequeninos.

2- Esteja preparado para abrir mão dos seus caprichos, em detrimento da felicidade do seu filho. Se não há nenhum ganho claro na vida da criança, não faça mudanças repentinas.

"O que se faz agora com as crianças é o que elas farão depois com a sociedade."

Karl Mannheim

CAPÍTULO 5

O MEDO VEM DA INFÂNCIA

Começaremos este capítulo com perguntas que geralmente dividem opiniões: Qual a função do medo em nossas vidas? O medo é bom ou ruim? Qual a nossa parcela de responsabilidade nos medos que nossos filhos apresentam?

Certamente, nenhuma criança nasce com medo instalado em seu sistema neurológico, mas visto que aproximadamente 90% de seus circuitos neurais são desenvolvidos em seus primeiros três anos de vida, há de se encontrar algum ponto de conexão entre os medos que as crianças carregam e os aprendizados e estímulos que lhes foram entregues pelos seus pais dentro desse período conhecido como primeira infância.

Todos nós, pais, queremos que nossos filhos estejam aptos a enfrentar quaisquer desafios que a vida seguramente lhes apresentará. Queremos que eles levantem e continuem andando na bicicleta, mesmo depois da queda que lhes deixou com o joelho ralado. Queremos que eles tomem o remédio sem guerra, mesmo quando eles já sabem que o sabor é mais amargo que jiló. Ainda, queremos que eles entrem em um consultório médico sorrindo, tendo a clara lembrança da última vacina que tomaram no mesmo ambiente.

Fato é que muitas das dificuldades que nossos filhos apresentam em superar obstáculos cotidianos da vida, vêm do medo de dissabores que eles já conhecem, já experimentaram, e que têm a certeza de que não querem experienciar novamente.

A neurociência afirma que o cérebro humano é incapaz de processar aquilo que ele não conhece. Afirma também que, quando estamos diante de uma situação verdadeiramente nova, um desafio inédito para nós, nosso cérebro busca uma situação parecida que já vivemos ou presenciamos, para que possamos ter ferramentas para lidar com o que está sendo apresentado. Logo, é possível afirmar que não existe o medo do desconhecido, pois, neurologicamente, quando estamos com medo de algo inédito, na verdade buscamos, em nossas lembranças, algo que, de alguma forma, tem alguma semelhança com a situação atual, mas que, no caso do medo, não nos traz uma experiência boa. Em outras palavras, sempre existirá uma experiência anterior para dar base a novas experiências.

Qualquer criança na primeira infância seria capaz de tomar um copo de água com uma barata se mexendo dentro. Obviamente para nós parece nojento, mas para os pequenos, se eles não conhecem os riscos dessa ação, se não vivenciaram nenhuma experiência horrenda como essa antes, não terão razões para temer. Lembro-me de uma criança de minha família que, brincando na varanda de casa, encontrou um gongolo, achou apetitoso e o comeu, sem deixar tempo a ninguém de impedi-lo. Todos ficamos espantados com a cena, mas a criança nem percebeu o ocorrido.

Em 1920, na Universidade Johns Hopkins, situada em Baltimore, Maryland, Estados Unidos, o psicólogo estadunidense John B. Watson e sua aluna de doutorado conduziram um controverso experimento que, nos dias de hoje, seria um choque para a sociedade. Usaram uma criança de aproximadamente 11 meses de idade para estudar a formação de novos comportamentos. O teste foi chamado de "Pequeno Albert".

Em seu pequeno experimento com Albert, Watson pretendia aprender mais sobre o condicionamento humano clássico, observando e induzindo medo em uma pessoa. Ele acreditava que o ser humano nascia sem conhecimento algum, e todos os comportamentos eram aprendidos a partir de suas primeiras experiências com as pessoas e os ambientes inseridos.

Watson colocou o bebê em um quarto e lhe apresentou um boneco de macaco deformado, mas Albert não demonstrou medo. O pequeno também não demonstrou medo quando o psicólogo segurou um jornal que estava completamente em chamas próximo ao seu rosto. Watson até colocou um rato vivo na frente de Albert, e mesmo assim, o bebê não se assustou. Nessa primeira fase, Watson mostra que o medo não está presente na vida do pequeno Albert; nem mesmo a aproximação ao fogo, que é notavelmente perigoso, produziu alguma reação de medo na criança.

Watson sabia que uma das coisas que comumente incomodavam o pequeno Albert eram os barulhos altos. Então, ele partiria para uma segunda fase do seu experimento: iria utilizar um elemento neutro, que até o momento não representava medo ao pequeno Albert, como o rato ou boneco de macaco; só que, dessa vez, sincronizando a aproximação dos objetos com um ruído incomodador.

O psicólogo reintroduziu o rato, mas agora o animal é acompanhado por um som estridente. Albert, pela primeira vez, sentiu-se completamente assustado. Watson repetiu o som várias vezes, até que Albert aprendeu a ter medo, não apenas de ratos, mas de qualquer animal peludo que chegasse perto dele, até mesmo os de pelúcia, deixando a certeza de que todo medo é aprendido na primeira infância, com forte influência do ambiente e das pessoas que normalmente estariam incumbidas da missão de formar uma criança emocionalmente forte para qualquer desafio da vida.

Certo de seu feito, Watson deixou um registro que é válido avaliarmos, mesmo após tantas transformações sociais, culturais e científicas. Ele disse:

Já escutamos dezenas de vezes, como forma de encorajamento, principalmente para os pais de primeira viagem, que quando nasce uma criança, nasce uma mãe. Raramente escutamos essa mesma frase fazendo menção ao pai, mas tudo bem! Isso é assunto para outra caminhada!

Nesse caso, a frase se refere principalmente aos cuidados que, de forma empírica e até mesmo instintiva, os pais desenvolvem com seus filhos, mesmo não tendo experiências anteriores. Mas nascimento também é referência à mudança de comportamento. Quando escutamos a expressão "nasci de novo", em vias normais, ela vem acompanhada de uma história em que geralmente o protagonista teve uma nova oportunidade de vida. Assim, essa pessoa tende a tomar consciência de todas as coisas que não cooperam para seu bem, e decide fazer tudo de novo.

Com referência aos pais, muitos de nós nascemos de novo com a chegada de nossos filhos, mas muitas vezes esse nascimento acontece somente na esfera emocional, não havendo nenhuma mudança expressiva no comportamento. Em alguns casos, principalmente de pais tardios, por muito amar e muito esperar a chegada do bebê, acontece até um declínio em seus comportamentos, sem que haja a percepção dos malefícios que tais comportamentos trazem aos seus filhos.

Comportamentos adequados são fundamentais para que nossos filhos cresçam não só em estatura. Quando não nascemos novamente após a missão da paternidade, quando não mudamos aquilo que não contribui para a formação de nossos filhos, de forma imperceptível vamos passando para nossos filhos todas as limitações emocionais que carregamos de nossa infância; passamos nossos medos, inseguranças, impaciências e até mesmo indiferença a coisas, costumes e pessoas.

Os ensinamentos milenares da Bíblia nos mostram, no livro de Provérbios — escrito pelo homem mais sábio que já existiu —, que devemos ter os comportamentos que queremos que nossos filhos desenvolvam. O texto bíblico diz:

*"Ensina a criança **no caminho** em que deve andar, e, ainda quando for velho, não se desviará dele"* (Provérbios 22:6 - ARA).

Note que não é para ensinar O caminho, e sim NO caminho, fazendo clara exposição da necessidade de nós, pais, estarmos caminhando na direção que queremos que nossos filhos caminhem. Isso nos traz uma clareza da nossa contribuição em tudo que nossos filhos decidem, escolhem e sentem.

O medo que nossos filhos sentem geralmente é uma construção iniciada desde a infância, com origem em nossos próprios medos ou em comportamentos inadequados que tivemos com eles, quando, ao invés de contarmos histórias encorajadoras, desbravadoras ou com potenciais superações dos personagens, usamos a capacidade de abstração da criança como ferramenta para conseguirmos domá-las pelo medo: do bicho-papão, do fantasma do escuro e outras coisas semelhantes.

O medo não precisa ser ruim. Na verdade, em vias saudáveis, podemos usá-lo como uma possibilidade de entender o que está acontecendo, como um comunicador de alerta, para ficarmos atentos quando houver algo que nos exige mais atenção. Se estivermos prontos para tirar proveito dele, o medo vira uma ferramenta altamente pedagógica.

Quando seu filho disser que está com medo de andar de bicicleta, entenda que na verdade ele tem medo de cair, pois andar de bicicleta pode ser um desejo que está sendo suprimido pela insegurança. Nesse momento, você aproveita para mostrar que estará ali para protegê-lo, e se porventura ele vier a cair, você o ajudará a levantar para que possa começar novamente.

Nossos filhos não escolheram os pais que eles receberam, mas nós podemos escolher quais pais seremos. A partir da decisão consciente de mudança, podemos ser os melhores pais do mundo. Não me refiro a pais perfeitos, mas a pais presentes e conscientes de seu papel.

Pontos importantes:

1- Nossas vidas serão o ponto de referência para nossos filhos. Através de nós, eles terão a primeira referência do mundo real, da maneira como as pessoas se relacionam, e das relações de causa e efeito. Precisamos ser prudentes na preparação dos nossos pequenos; maus hábitos precisam ser corrigidos quando temos a missão da paternidade.

2- A neurociência afirma que o cérebro humano é incapaz de processar aquilo que ele não conhece, portanto expor nossos filhos de forma segura ao mundo, é fundamental para deixá-los mais preparados para qualquer adversidade.

"*A língua tem poder sobre a vida e sobre a morte; os que gostam de usá-la comerão do seu fruto.*"

Provérbios 18:21

CAPÍTULO 6

O PODER NAS PALAVRAS DOS PAIS

Já parou para pensar o quanto nossos filhos estão atentos a tudo que falamos? Algumas vezes pensamos que eles não estão nos escutando, quando de repente eles falam algo exatamente com o mesmo sentido ou ideia do assunto a que acreditávamos que eles não estavam prestando atenção. Se seu filho ainda não expressa a linguagem verbal, talvez o exemplo anterior ainda não faça tanto sentido neste momento; mas não se engane, suas palavras continuam sendo uma forte influência na vida dele.

Muito se fala sobre o poder das palavras. Diversas comunidades levantam estudos sobre esse misterioso assunto. A religião, a ciência e até mesmo as crendices populares por vezes se esbarram em uma mesma ideia: tudo que falamos tem poder de transformação a quem ou ao que o recebe.

Do ponto de vista da neurociência, a linguagem é um fenômeno extremamente complexo que não se limita ao desempenho na leitura, escrita e fala. Essa complexidade também sustenta a discussão de que nós, humanos, como espécie, somos os únicos a exibir esse comportamento comunicativo. Nossa linguagem é mais rápida e precisa; sua construção é regida por um conjunto de regras sobre semântica e sintaxe, no entanto, isso não a impede de exercer fundamental importância na nossa comunicação. A linguagem tem uma estrutura lógica específica que lhe permite desdobrar-se nas mais ilimitadas possibilidades.

Quando liberamos uma palavra a uma pessoa, ela pode gerar diversos sentimentos, de acordo com o significado que essa palavra tem ou teve na vida dela. Por vezes, um nome próprio é capaz de remeter a pessoa a uma vivência anterior que pode gerar sentimentos de tristeza ou felicidade.

Imaginemos uma criança que sofreu maus tratos, e que seu cuidador, chamado ficticiamente de Guilherme, ao invés de lhe oferecer proteção, usava de seus momentos com a criança para apresentar-lhe experiências de medo e insegurança. Quando essa criança escutar o nome "Guilherme", mesmo em um assunto aleatório sem fazer referência ao seu cuidador, ela terá acesso aos sentimentos que a palavra, como gatilho, lhe trouxer à lembrança.

Por exemplo, a palavra "saúde" é apenas um agrupamento sonoro de fonemas conhecidos, mas carrega um mundo de informações relacionadas à história pessoal de cada indivíduo. Assim, "saúde" pode despertar sentimentos e lembranças completamente diferentes, de pessoa para pessoa. Pode ser imediatamente associada a coisas negativas, se na vida houver alguma conexão entre a palavra e eventos negativos do cotidiano. Para outros, pode estar relacionada à atividade física, levando a uma lembrança ou imagem mental de momentos felizes, de estar se exercitando, correndo na praia, ou simplesmente contemplando o dia após ter acordado de uma excelente noite de sono. De maneira simples, podemos observar, no cotidiano, como o poder da palavra é capaz de despertar sentimentos, recordações, assim como de acolher ou ferir almas, levando em consideração que o que falamos pode despertar em nós e nos outros sensações diversas, que não somos capazes de escolher, controlar e tampouco entender.

Para alguns religiosos, principalmente os cristãos, o poder da palavra está presente desde a criação do mundo. O livro de Gênesis, primeiro livro da Bíblia, narra a criação do mundo, em que todas as coisas foram feitas pelo poder da palavra do próprio Deus. O texto diz:

*No princípio criou Deus o céu e a terra. E a terra era sem forma e vazia; e havia trevas sobre a face do abismo; e o Espírito de Deus se movia sobre a face das águas. **E disse Deus**: Haja luz; e houve luz. E viu Deus que era boa a luz; e fez Deus separação entre a luz e as trevas. (Gênesis 1:1-4 - ACF)*

Na sequência, todas as criações de Deus são antecedidas pela expressão "E disse Deus", mostrando que todas as coisas foram feitas pelo poder da palavra de Deus.

Mas se Deus é a própria representação da onipotência, ou seja, se Deus pode todas as coisas, por que Ele simplesmente não criou tudo de uma única vez, sem precisar ficar falando a cada nova ideia, a cada nova criação? Pois a Bíblia deixa claro uma sequência de repetições, que talvez, se Ele fosse um de nós, acharia repetitivo e tentaria economizar energia e tempo.

Eu gosto de acreditar que o intuito maior desse capítulo é nos mostrar que a palavra tem poder de criação, de transformação; e que toda palavra lançada gera um fruto, um resultado, de acordo com sua intenção.

E os pais, onde entram nesse passeio?

Imagine uma criança escutando repetidamente palavras de desaprovação, desencorajamento, falta de amor das pessoas em que ela mais confia, pessoas que são as principais referências de sua vida. Certamente essa criança estará mais propensa a desenvolver comportamento de baixa autoestima, medo, timidez, entre diversos outros, demonstrando dificuldade de realizar as atividades mais corriqueiras do dia a dia, seja se relacionar com outras pessoas ou avançar quando encontrar qualquer obstáculo — mesmo que este seja significativamente simples —; dificuldade de se apresentar nas atividades escolares, de participar de um grupo de jogos e trabalhos, de pedir uma borracha emprestada na sala de aula, e isso tende a aumentar com o passar do tempo.

O poder das palavras dos pais depositadas aos filhos é tão grande, que hoje a ciência afirma que a maioria de nossos problemas adultos são reflexo de experiências que vivemos em nossa mais tenra idade, na nossa primeira infância.

Mas não para por aí; o poder da palavra também já mostrou eficácia em experimentos científicos realizados no mundo todo. Segundo o fotógrafo e cientista japonês Massaru Emoto, nossas palavras são capazes de exercer influência sobre as matérias.

Em seu experimento mais famoso — o do pote de arroz —, muitas famílias em casa, assim como muitas atividades escolares, puderam vivenciar na prática o poder da palavra lançada sobre alguma matéria.

No interessante experimento, Massaru Emoto separou 3 potes de vidro exatamente iguais, higienizados da mesma maneira, não apresentando nenhuma possibilidade de influência desses potes na experiência. Então, colocou a mesma quantidade de arroz em cada um dos potes, e os cobriu com água. Após isso, todos os dias, durante alguns meses, ele dizia "obrigado!" para o primeiro pote; "você é um idiota" para o segundo pote; e o terceiro, ele ignorava completamente.

Após alguns meses, já era notável a diferença entre os mesmos produtos nos potes iguais: o arroz que recebia a mensagem de "obrigado!" começou a fermentar, apresentando cor clara e um agradável aroma; o arroz do segundo pote, recebendo uma mensagem negativa, se tornou escuro; e o do terceiro pote, sendo completamente ignorado, começou a mofar.

Massaru Emoto chegou à conclusão de que seu experimento nos oferece uma grande lição, principalmente com referência à maneira como tratamos as nossas crianças.

Precisamos estar atentos à forma como nos relacionamos com elas, pois além das palavras boas ou ruins, a indiferença também se apresenta como um dos grandes vilões do experimento, levando o arroz ao estado de mofo. As palavras infrutíferas também apresentaram um dano muito grande à matéria da experiência; e o único pote que se saiu bem, foi aquele cuja palavra remetia a cuidado, respeito e amor.

Você também pode vivenciar o experimento dos três potes de arroz com sua família; no entanto, o mais importante é fazer de suas palavras, vida para seus filhos, seu cônjuge e todos aqueles que estão perto de você.

Sempre estamos influenciando nossos filhos com nossos exemplos de comportamento, com nossas atitudes, com a maneira de enfrentar os desafios diários da vida, com os costumes de tratar as pessoas que dividem a rotina de vida conosco, entre outros comportamentos comuns do dia a dia.

Mas não é somente isso. Se nossas palavras têm poder sobre a matéria, o que falamos está formando coisas que não vemos, e assim como o arroz, mesmo sem vermos, podemos lentamente modificar, influenciar. E sem percebermos, podemos estar encaminhando nossos pequenos para um resultado ruim, de baixo rendimento ou de comportamentos indesejáveis.

Entretanto, o poder de mudança está em nossas mãos, ou melhor, em nossas bocas! Que usemos nossas palavras para edificar, para trazer às pessoas que nos rodeiam palavras de afirmação, sempre para o bem, principalmente do nosso bem mais precioso: nossos filhos. Pois a sabedoria milenar da Bíblia diz:

"A morte e a vida estão no poder da língua; o que bem a utiliza come do seu fruto" (Provérbios 18:21 - ARA).

Sejamos prudentes em todas as nossas escolhas, para que nossos filhos, através de nós, tenham bons exemplos; e quando inconscientemente buscarem em suas experiências vividas ou observadas as ferramentas para tomarem as próprias atitudes, as próprias decisões, tenham um bom depósito, um bom exemplo.

> *Hoje lhes dei a escolha entre a vida e a morte, entre bênçãos e maldições. Agora, chamo os céus e a terra como testemunhas da escolha que fizerem. Escolham a vida, para que vocês e seus filhos vivam!*
> *(Deuteronômio 30:19 - NVT)*

Pontos importantes:

1- Uma dinâmica familiar saudável inclui uma comunicação aberta entre pais e filhos. Isso ajuda a promover a motivação na criança para avançar em seus desafios. Prestar atenção em como falamos com nossos pequeninos é importante. Algumas frases dos pais podem afetar negativamente uma criança, se forem inapropriadas ou pouco claras.

2- O poder de mudança está em nossas mãos, ou melhor, em nossas bocas! Usemos nossas palavras para edificar.

*"Liberte o potencial
da criança e você
transformará o
mundo."*

Maria Montessori

CAPÍTULO 7

OS 3 NÍVEIS DA OBEDIÊNCIA

Em algum momento, qualquer família de qualquer lugar do mundo pode se perguntar por que seus filhos não a ouvem. Algumas crianças só ouvem seus professores, enquanto ignoram seus pais; outras só obedecem a um dos pais, ignorando a existência do outro; algumas crianças seguem os comandos dos pais, mas no tempo que elas julgam pertinente. Maria Montessori abordou essa questão em seu melhor livro, *Ab-*

sorbing Mind. Digo "melhor" por classificação pessoal, isso porque nessa obra ela respondeu à pergunta "Por que as crianças obedecem aos pais?" e explicou como os adultos podem ganhar o respeito de uma criança.

Nesse livro, Maria Montessori afirma que existem três níveis de obediência, e que o resultado mais satisfatório só é possível vivenciar quando estamos operando com nossos filhos pelo terceiro nível. Vamos passear por esse assunto e entender o que fazer para ajudar nossas joias mais preciosas a transitarem por cada um deles.

É fundamental deixar como pano de fundo que a capacidade de obediência da criança está em grande parte associada à capacidade linguística, pois, para obtermos sucesso, é necessário que nossos filhos escutem e compreendam o que escutaram. A criança muito pequena, mesmo que nos escute e dê sinais de que está atenta aos nossos comandos, tem a sua capacidade de assimilação, de compreensão tanto da mensagem entregue por palavras quanto da linguagem corporal, ainda em desenvolvimento.

A percepção de que a mensagem que tentamos entregar a nossos filhos tem algum sentido para eles, só acontecerá por volta de um ano de idade. No entanto, esse sentido vai tendo mais significado no decorrer do amadurecimento da criança. Um exemplo prático disso é o fato de que uma criança é incapaz de perceber quando recebe uma ponderação de forma irônica. Quando a criança realiza algo terrível, e o responsável, em tom irônico, a repreende dizendo: "Muito bem, agora você conseguiu!", ou "Que bonito, hem?!", para ela essa mensagem é recebida no sentido literal, ou seja, ela entende que fez um bom trabalho, e provavelmente repetirá a ação. Portanto, conseguimos perceber que a capacidade de obedecer está muito associada com a capacidade de compreender.

Cabe lembrar também, que há uma diferença notável entre designar um comando e estabelecer uma regra. O comando é algo que queremos que aconteça em determinado momento; por consequência, o sucesso imediato é muito mais eminente. Em se tratando de estabelecer regras, essa é uma jornada um pouco mais desafiadora, e conseguiremos trabalhar com ela na sua totalidade por volta dos três anos de idade. Como exemplo deste último, quando falamos ao nosso filho que ele não pode subir calçado no sofá, e ele atende ao nosso comando, mas horas depois sobe novamente — só que dessa vez calçado —, alguns de nós tendemos a acreditar que nosso filho não nos obedeceu. Na verdade, ele obedeceu sim, mas com a dificuldade natural de compreender regras, ele entendeu que o comando recebido era apenas para o primeiro momento, e que passada aquela hora, o comando não mais existiria. E nós, como pais, não devemos ficar frustrados com isso. Precisamos entender que falaremos dezenas de vezes as mesmas coisas. No decorrer do tempo, com o desenvolvimento natural da criança, chegaremos ao momento em que as regras serão estabelecidas com mais naturalidade.

Voltando aos três níveis de Montessori, as crianças, no estágio inicial de obediência, às vezes são obedientes, mas nem sempre o são. A obediência exige que a criança desista do que quer fazer, para fazer o que os outros lhe solicitam. No primeiro nível, a criança obedece quando sua vontade e a de quem pede são as mesmas; ou, mais raramente, quando conseguem suplantar sua vontade pela dos pais.

É muito comum alguns pais perderem a paciência diante da desobediência de seus filhos. Em alguns momentos, chegam a se perguntar o porquê deles obedecerem apenas algumas vezes. "Ele só faz as coisas quando quer!" os adultos pensam, sem saber que estão certíssimos, pois suas emoções fogem do lugar nesses episódios. Nesses momentos, a criança ainda não tem maturidade suficiente para exonerar-se de sua vontade em nome da vontade do outro. Durante esse período, devemos ser pacientes e continuar a fornecer um ambiente harmonioso, amistoso e saudável, com a possibilidade de escolhas. Deixo claro que há diversas maneiras de conseguir o que queremos, e que ceder faz parte do jogo.

O segundo nível de obediência me parece ser o mais crítico de todos. Nele, a criança tem muito mais sucesso em suprimir sua vontade e realizar a vontade do outro. Ela é desenvolvida o suficiente para obedecer com muita frequência; mas mesmo assim, ainda acontecem algumas falhas, porque, afinal, assim como nós, a criança também tem suas próprias vontades, e às vezes é natural se opor aos nossos desejos.

Nesse período, alguns pais vivem um enorme conflito com os filhos, que pode durar muitos anos. Por entenderem que a criança é capaz de obedecer, os adultos não aceitam seus momentos de negativas, e usam todas as ferramentas à sua disposição para conseguir a obediência. As penalidades e recompensas serão aumentadas aqui e não desaparecerão mais. Recompensas, chantagens, barganhas, tudo aparece nesse período, com o intuito de conquistar a obediência, o que normalmente não funciona; e quando funciona, impede-se a criança de chegar ao terceiro e mais importante dos níveis.

É necessário saber que existem habilidades naturais da criança que precisam ser desenvolvidas, das quais ela não abrirá mão! Como por exemplo, a habilidade de escalar, equilibrar-se, pular de um ponto ao outro, pendurar-se, entre outras. E no ambiente doméstico, nossos filhos usarão tudo que há mais próximo para se desenvolverem integralmente. Quanto a nós, pais, precisamos permitir que esse desenvolvimento aconteça; não só permitir como também estimular. Talvez a forma mais simples de diminuir esses movimentos dentro da casa seja fazendo o uso regular das praças, dos parques, de ambientes em que a criança exerça o direito de ser criança. Garanto que nossos pequenos irão amar!

Na terceira camada de obediência, a magia montessoriana acontece. A criança deixa de obedecer em razão da capacidade, do seu desenvolvimento, e começa a obedecer porque quer e se sente feliz.

No terceiro nível, é comum encontrar a criança na perspectiva de receber instruções e segui-las da maneira mais perfeita. Mas não são todos os adultos que recebem esse privilégio dos pequenos; há um tipo de adulto específico a quem as crianças têm prazer em obedecer.

Uma criança fica feliz em obedecer a um adulto que admira. A maioria dos adultos recebe obediência por opressão, medo, recompensa ou troca. Mas a obediência que traz alegria à criança não é essa; nossos pequenos obedecem alegremente às pessoas pelas quais eles têm admiração, às pessoas que elas adoram, com quem sentem prazer em estar junto; e principalmente, constrangem-se com a possibilidade de contrariar seu escolhido.

A partir desse nível, é possível usar essa relação como base para todas as outras. Cabe ao responsável formar bons costumes, e quando tem da criança sua admiração e respeito, essa jornada torna-se muito mais leve.

Mas quem é esse adulto admirável? Um adulto que saiba compreender as necessidades da criança, que lhe arranje um bom ambiente, que conviva com ela com graça, cuidado, amabilidade e firmeza, que a ajude a conquistar a independência, que respeite sua necessidade de trabalhar sozinha sem ser incomodada, Isso é ser um adulto admirável!

A criança olha para o adulto e pensa: "Ele é esperto, ele me entende; se eu fizer o que ele pede, posso ser assim". A criança obedece, não porque é menor e somos maiores, mas porque somos encantadores; e ela também quer ser um adulto encantador.

Permanecer no segundo nível de obediência, como quase todo mundo, usando sempre da punição, pode levar a criança a ser um adulto excessivamente obediente, que raramente questiona as regras absurdas do nosso mundo, e que está disposto até a dar a vida por obediência cega a uma má liderança. Essa forma de obedecer fragiliza os jovens, e o preço fica alto demais. No outro extremo, quando a obediência vem da troca, levamos aos nossos filhos uma inversão de valores, em que a falta do conhecimento do "não" os leva a desvalorizar o "sim".

Para a felicidade de nossos filhos e o bem-estar da humanidade, devemos saltar para o terceiro nível de obediência, quando eles nos obedecem porque nos admiram.

Não são todos os comandos que devem ser seguidos. Nem todo adulto é digno de obediência, e as crianças também sabem disso. Se desistirmos do castigo e da recompensa, descobriremos nossos filhos e, então, nos tornaremos adultos admiráveis, ganharemos sua confiança e admiração, e eles nos obedecerão alegremente, se for bom para todos.

O que buscamos aqui não é um filho da disciplina, mas sim um filho da autodisciplina; não uma pessoa que obedece cegamente, mas uma pessoa que pode escolher obedecer quando a vontade dos outros é melhor que a própria vontade, percebendo que podemos abrir mão de nossas escolhas quando nos é apresentada uma opção melhor.

Estar presente desde o berço é uma contribuição indispensável na formação socioemocional de nossos filhos. Quando nos entregamos sem reservas à experiência da paternidade, nos transformamos, dia após dia, nesse adulto admirável; a caminhada de crescimento e evolução da criança se torna o combustível para o crescimento e desenvolvimento dos pais, e o resultado positivo para toda família é imensurável.

Pontos importantes:

1- Há uma diferença importante entre designar um comando e estabelecer uma regra: comando é algo que queremos que aconteça pontualmente; regra é perene.

2- Precisamos que nossos filhos tenham sabedoria nas decisões, que não sejam submissos ou influenciados por pessoas que não lhes passam confiança. Para isso, devemos ser a referência de um adulto admirável.

"Os educadores, antes de serem especialistas em ferramentas do saber, deveriam ser especialistas em amor."

Rubem Alves

CAPÍTULO 8

PERFIL COMPORTAMENTAL

Certa vez, estávamos de visita na casa de um amigo muito querido, que tem uma única filha chamada Isabela, a qual estava com cerca de 7 anos de idade nesse episódio. Uma menina linda e muito curiosa, característica essa que meu amigo usou muito bem para estimulá-la a desenvolver diversas habilidades, dentre elas, uma oralidade e leitura de invejar qualquer adulto.

Isabela sempre demonstrou um perfil comportamental dominante, e naquele dia ela queria estar conosco participando da conversa, brincando e contando suas histórias; mas a conversa se estendia e passava da hora de Isabela tomar banho. Meu amigo pediu, determinou, implorou diversas vezes a ação, mas Isabela ignorava categoricamente. Então, expliquei ao meu amigo que existem maneiras de conduzir a criança, usando o seu próprio perfil comportamental como ferramenta de apoio. Sabendo que o dominante tem como motivador o desafio, e como emoção a raiva, eu a desafiei contextualizando que ninguém no mundo conseguiria tomar um banho em menos de 15 minutos, estando com tantas sujeiras como ela estava!

Nesse momento lancei a ela uma crítica e um desafio ao mesmo tempo, a ponto de ela me responder imediatamente que conseguiria. Correu para o quarto, pegou suas roupas e partiu em disparada para o banho.

O desafio que funcionou para Isabela, que nesse momento apresenta o perfil dominante, certamente não funcionaria para uma criança de perfil conforme, que talvez imaginasse que tomar o banho em pouco tempo lhe dificultaria a realização do desafio; e sendo seu motivador o medo, talvez preferisse não arriscar, se não tinha a certeza de que o tempo seria suficiente.

Cada ser humano já nasce com características únicas. Ninguém, absolutamente ninguém é igual a outro — nem mesmo gêmeos univitelinos —, nem na forma física, e muito menos no comportamento.

Provavelmente todos nós conheceremos casos de irmãos que receberam o mesmo cuidado, mesma escola, mesma condição financeira, mesmo grupo familiar e social, e ainda assim, têm formas de agir completamente diferentes. E isso é fascinante; é isso que nos faz insubstituíveis e "incopiáveis".

A forma como as pessoas se comportam tem sido tema de estudos há séculos. Muitas teorias se apresentaram, e algumas chegaram até a ser testadas por universidades renomadas.

O fato é que entender o comportamento das pessoas é de extrema importância para garantir uma convivência harmônica e saudável em todos os tipos de relacionamentos.

Inúmeros casais se comprometem em matrimônio por estarem apaixonados, e no decorrer do relacionamento não conseguem lidar com as diferenças naturais do ser humano; e aí escutamos a tão famosa justificativa: "Nós éramos muito diferentes!». Claro que eram, pois geralmente o que falta em nós é o que buscamos em nossos cônjuges; e é justamente essa diferença que buscamos, de forma empírica, que muitas vezes se torna o pilar de uma insatisfação conjugal. E por falta de conhecimento sobre o próprio perfil comportamental e o perfil do outro, relacionamentos que acreditávamos que seriam eternos se dissipam como vapores de água.

Empresas sem análise de perfil comportamental contratam os candidatos pelo currículo, e em pouquíssimo tempo os demitem pelo comportamento, trazendo prejuízos incontáveis, pois uma contratação ruim pode gerar uma avalanche de problemas dentro de uma instituição.

Na década de 1970 foi criada a avaliação DISC por Walter Vernon Clarke, pesquisador da Universidade de Harvard, baseada na pesquisa de William Moulton Marston sobre perfis comportamentais DISC, que foram desenvolvidos em seu livro *The Emotions of Normal People*.

William Marston combinou duas profissões para criar um enorme impacto no mundo. Ele era psicólogo e advogado com formação multidisciplinar, e também reconhecido como inventor e artista. Ele foi o criador da Mulher Maravilha, um dos personagens mais populares do mundo, além de outra invenção também muito conhecida, o polígrafo, popularmente conhecido como "detector de mentiras".

Marston desenvolveu a teoria DISC em 1928, e em seu livro *The Emotions of Normal People*, explicou suas ideias filosóficas que consideravam as pessoas como ativas ou passivas, com base em dois eixos. Esses eixos consideravam o meio ambiente, e se este era favorável ou antagônico às pessoas. Marston descobriu que muitas qualidades comuns aparecem constantemente em todos. Alguns traços são mais comuns em umas pessoas do que em outras. A partir disso, Marston entendeu que existem quatro fatores fundamentais em cada pessoa.

Dominantes – São pessoas com alto fator D, que são competitivas e obstinadas. Sabem o que querem e vão atrás; são muito focados em resultados e muito exigentes. Os dominantes precisam influenciar as pessoas e ter grande poder de comando. Eles são tipicamente descritos como obstinados e competitivos.

- PALAVRA-CHAVE: Intolerância
- EMOÇÃO: Raiva
- MOTIVADOR: Desafio/Poder
- COMUNICAÇÃO: Direta/Objetiva
- VALOR PARA A EMPRESA: Comando/Iniciativa
- TOMADA DE DECISÃO: Racional/Rápida

Influentes – Alguém com um fator I alto precisa estar perto de muitas pessoas para se sentir sociável. Como resultado, eles naturalmente se tornam amigos de qualquer pessoa e sempre têm algo para falar. Suas qualidades significativas incluem: perspectivas positivas e alto poder de persuasão, as quais ajudam os influentes a conquistar popularidade. Além disso, eles adoram se destacar e são muito persuasivos.

- PALAVRA-CHAVE: Sociável

- EMOÇÃO: Otimismo

- MOTIVADOR: Reconhecimento social

- COMUNICAÇÃO: Informal/Pessoal

- VALOR PARA A EMPRESA: Negociação/Criatividade

- TOMADA DE DECISÃO: Emocional/Rápida

Estáveis – São naturalmente introvertidos e calmos. Precisam de rotina e conforto para se sentirem seguros. Por causa de sua natureza reservada, eles gostam de estar perto de pessoas; são muito bons em entender as pessoas e ouvir suas ideias. Preferem tomar decisões em grupo, o que lhes confere um alto grau de diplomacia e lealdade.

- PALAVRA-CHAVE: Previsibilidade

- EMOÇÃO: Apatia (observável)

- MOTIVADOR: Segurança

- COMUNICAÇÃO: Suave/Empática

- VALOR PARA A EMPRESA: Planejamento/ Cooperação

- TOMADA DE DECISÃO: Emocional/Demorada

Conformes - Tendem a ser perfeccionistas, pois são altamente detalhistas e precisos, o que os leva a serem ótimos na conclusão de tarefas. Isso os torna naturalmente inclinados a lidar com regras e procedimentos.

- PALAVRA-CHAVE: Crítico

- EMOÇÃO: Medo

- MOTIVADOR: Informação/Estar de acordo com as regras e com altos padrões

- COMUNICAÇÃO: Formal/Específica

- VALOR PARA A EMPRESA: Qualidade/Atenção aos detalhes

- TOMADA DE DECISÃO: Racional/Demorada

Todos nós apresentamos todos os pontos, mas temos aqueles que são predominantes em nossos comportamentos. Nossos filhos estão no desenvolvimento de sua personalidade, que se formará até os sete anos de idade, mas a maneira como eles reagem às situações já começa a se apresentar desde muito cedo.

A teoria DISC mede apenas algumas dimensões do comportamento e não define nenhum traço psicológico. Portanto, não deve ser usada para rotular ou subestimar a capacidade de um indivíduo de se adaptar ou adquirir habilidades atribuídas a outros perfis. Não existe perfil melhor ou pior do que o outro, tampouco perfil certo ou errado.

Conhecê-la o ajudará a lidar com seu filho, entendendo que há características únicas que precisam ser respeitadas.

Estar atento aos perfis comportamentais de nossos filhos nos ajudará a não os ferir nas coisas mais simples; a respeitar o modo de agir de cada um; a entender que um gosta de estar em evidência, outro prefere o anonimato; um é mandão e controlador, enquanto o outro é apaziguador e moderado; um ama desafio e o outro odeia ser desafiado. Todos têm sua beleza, e assim como na natureza, tudo tem seu tempo e seu ambiente ideal. Uma planta gosta de sol, enquanto a outra só floresce na sombra;

uma precisa de água diariamente, enquanto outra, apenas uma vez por semana. Dedique-se a entender qual o ambiente ideal para o seu filho, para que ele possa crescer e frutificar de forma plenamente saudável e equilibrada.

Pontos importantes:

1- Não existe perfil melhor ou pior que o outro. Todos nós passeamos por todos eles, seja naturalmente ou flexibilizando, mas certamente temos nosso perfil predominante. Saber qual é o perfil de nossos filhos nos ajudará a colocá-los melhor em cada possibilidade da vida.

2- A teoria DISC mede apenas algumas dimensões do comportamento e não define nenhum traço psicológico. Portanto, não deve ser usada para rotular ou subestimar a capacidade de um indivíduo.

"O principal objetivo
da educação é criar
homens que sejam
capazes de fazer
coisas novas, não
simplesmente repetir
o que as outras
gerações fizeram."

Jean Piaget

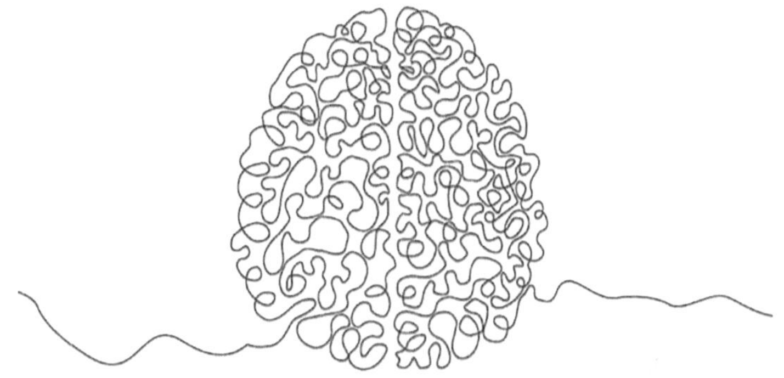

CAPÍTULO 9

INTEGRAÇÃO CEREBRAL

Recentemente assisti, em um noticiário de uma tv local, o triste caso de um jovem que, após uma discussão banal de trânsito, agrediu o motorista de um carro de aplicativo e a senhora que estava usando o serviço. Tudo começou, segundo a vítima, quando o motorista de aplicativo mudou de faixa sem fazer as devidas sinalizações. No semáforo seguinte, por ordem do acaso, os dois motoristas tiveram seus carros parados lado a lado, o que deu facilidade para o jovem agressor iniciar uma conversa bem enérgica, a ponto dessa conversa evoluir rapidamente para uma discussão. Continuando com a percepção da senhora, ela afirmou que o jovem partiu para agressão quando percebeu que não tinha mais recursos argumentativos para sair daquela situação com a falsa sensação de vitória. Então, ele decidiu sair do carro e partir para as agressões físicas.

Esse é um exemplo comum de pessoas que, movidas pelo calor da emoção, perdem completamente o senso de razão, agindo de forma desintegrada e desequilibrada, e causando danos não só para sua própria vida, como também para a vida das pessoas que estão ao seu redor.

Vivendo diariamente na rotina escolar, percebemos um comportamento semelhante em nossos pequenos. Sabendo que sua oralidade ainda está em desenvolvimento, não é difícil encontrar momentos em que, por falta de capacidades argumentativas, no calor da emoção — e eu tendo a acreditar que eles são quase 100% do tempo movidos pela emoção —, partem para algum tipo de agressão aos seus pares, para impor sua vontade ou expressar sua insatisfação momentânea.

Sabemos que são as experiências que moldam o cérebro, portanto esses momentos de desintegração na primeira infância estão, de alguma maneira, formando os circuitos que nossos filhos levarão para toda vida. Sendo assim, não podemos nos omitir diante de um comportamento emocional desintegrado. Nesses momentos, é importante trazer conhecimento e razão para o caso, dando a nossos filhos a oportunidade de vivenciar a experiência de entender e expressar o que estão sentindo, a possibilidade de recalcular o trajeto, e fazer, de pouco a pouco, escolhas mais integradas, mais equilibradas, mais felizes para eles e para as pessoas que os rodeiam.

Mas afinal, o que é integração e desintegração cerebral?

Metaforicamente, o cérebro humano é dividido em duas partes, que têm funções distintas:

uma parte voltada para as funções emocionais, o lado direito; enquanto outra trabalha para funções racionais, o lado esquerdo. Mesmo atuando conjuntamente, cada pessoa tem um lado mais desenvolvido que outro; por isso percebemos, desde cedo, aptidões distintas nas crianças. Uma pode apresentar habilidades mais voltadas para os números, organização e detalhes, enquanto outra gosta mais dos desenhos, das canções, das artes.

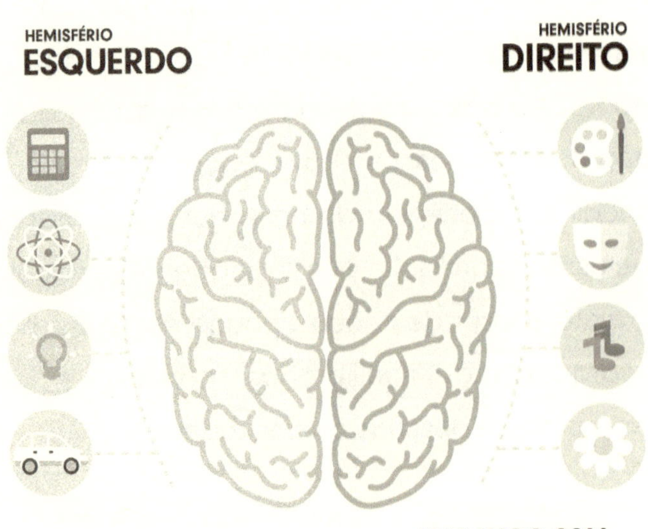

Conseguimos melhor resultado em todas as coisas quando há um equilíbrio em nossas emoções e tomadas de decisões; quando nosso cérebro está integrado. Quando razão e emoção trabalham juntas somos muito mais assertivos, somos verdadeiramente poderosos.

Quando nos deparamos com nossos filhos imersos em emoções, não se permitindo sequer nos escutar, incapazes de dizer o que estão sentindo, vivendo um verdadeiro descontrole emocional, birras, agressividades, ataques de fúria, certamente estamos diante de uma perda de integração, que também pode ser chamada de desintegração.

É nessas horas que muitos pais perdem a oportunidade de ser a diferença na vida dos filhos. Pela falta de conhecimento, não conseguem perceber a situação neurológica que se apresenta, e rotulam a criança como desobediente, manhosa, desafiadora. Na verdade, ela clama pela ajuda de seus responsáveis para treiná-la a integrar seus hemisférios do cérebro, para ajudá-la a crescer usando o máximo de potencial humano, tomando as melhores decisões e agindo de maneira equilibrada diante das adversidades que a vida insiste em nos apresentar a todo momento.

No momento de desintegração, precisamos acalmar os ânimos, para que ocorra um realinhamento. Enquanto nossos filhos estão movidos pela emoção, são incapazes de compreender qualquer coisa. Precisamos acalmá-los e trazer sentido para o que está acontecendo, perguntar o que estão sentindo, entender suas razões; e a partir daí, apresentar um caminho mais equilibrado, apresentar novas formas de chegar ao que se deseja, estabelecer limites, conversar sobre os ganhos de uma decisão equilibrada.

Os neurocientistas Daniel J. Siegel e Tina Payne Bryson afirmam que a maneira mais eficaz de alimentarmos a integração cerebral de nossos filhos, é conversarmos com eles sobre nossas experiências. Crianças que escutam as histórias de vida de seus pais, em situações de desconforto tendem a se lembrar dos aprendizados, da mesma maneira que quando falamos de nossas emoções e sentimentos, os ajudamos a amadurecer nas percepções emocionais. O nosso nível de interação e participação na vida de nossos filhos terá enorme influência na capacidade de integração que eles carregarão por toda vida.

Quando pais apresentam, de forma consciente, desafios saudáveis a seus filhos, naturalmente essas crianças tendem a ser menos tímidas, mais corajosas e determinadas. Do contrário, a falta de estímulos de situações desafiadoras tendem a deixar nossos filhos mais inseguros e temerosos, até mesmo diante de desafios pequenos. Nossa participação, como pais, está a todo tempo moldando nossos filhos. Tudo que nos aconteceu, tudo que sentimos, todas as dores e alegrias que carregamos, mesmo que inconscientemente, afetam diretamente nossos filhos. Quanto mais integrado nosso cérebro estiver, mais equilibrados estaremos em nossas ações, e isso será percebido por nossos pequenos.

Certo momento, em conversa com uma mãe de um aluno nosso, ela relatava que a criança de 3 anos de idade, não estava gostando da nova fonoaudióloga; que a partir de então o acompanharia. Diferentemente de todos os outros especialistas que outrora a criança tinha visitado, neste, desde o corredor ela começava a apresentar insatisfação. Perguntei detalhes sobre tudo que mudara naquele momento, e segundo a mãe, a única coisa que mudou foi a profissional, pois o era o mesmo local, mesmo prédio, mesma recepção, mesmo corredor e mesma sala.

Buscando entender mais sobre o caso, perguntei sobre o trabalho dentro da sala, e a mãe relatou que a profissional era atenciosa e gentil, me deixando ainda mais remoído com o assunto. Levantando o questionamento sobre o que a mãe achava da profissional, consegui perceber o que poderia estar acontecendo: ela contou que a fisionomia da profissional lhe trazia a lembrança de uma pessoa que, por questões pessoais, ainda despertava sentimentos de mágoa.

Uma situação de desequilíbrio emocional da mãe estava afetando diretamente o comportamento da filha. Expliquei -lhe que o fato da nossa aluna não aceitar a nova fonoaudióloga estava inteiramente associado às ações inconscientes que ela tomava naquele local. Para ficar mais didático, contei a ela que a ciência compara a super inteligência de um cão ao mesmo nível da inteligência de uma criança de 2 anos; e todos nós sabemos que os cães conseguem perceber nossas emoções, e que quando estamos tristes ou felizes, eles correspondem de acordo com nosso estado apresentado.

Agora, imagine a criança, que em uma relação simbiótica com a mãe, só consegue perceber que as duas são seres distintos entre o sexto e o nono mês de vida. Certamente ela também perceberá, mesmo que de forma inconsciente, os sentimentos que seus pais estão vivendo a cada momento, e essa experiência também moldará seu cérebro e contribuirá para integração ou desintegração.

O melhor presente que podemos dar aos nossos filhos é a nossa vida equilibrada; são as tomadas de decisões, ainda que nem sempre corretas, mas todas feitas dentro do controle emocional, dentro da integração cerebral. Algumas vezes pensamos que nossos filhos querem ter pais de ficção, super-heróis, mas o que eles realmente querem é ter pais de verdade, que acima de tudo tratem todas as coisas com verdade. A sinceridade das nossas ações pode ser sentida; o amor de nossos corações pode ser sentido; a nossa vida em equilíbrio também certamente será sentida.

A sabedoria da Bíblia diz, em Provérbios 4:23:

"Sobre tudo o que se deve guardar, guarda o teu coração, porque dele procedem as fontes da vida".

O mais interessante desse versículo é que no início do século XX, o coração ainda era conhecido como fonte das emoções; apenas por volta dos anos 1950 que as emoções foram associadas ao cérebro, e na tradução original da Bíblia, a palavra "coração" tem a seguinte definição: ser interior, mente, vontade, inteligência, conhecimento, razão, reflexão. Portanto, o coração do texto bíblico é a sede das emoções humanas, e desse modo, podemos parafrasear o texto da seguinte forma: "Sobre tudo o que se deve guardar, guarda as suas emoções, porque delas procedem as fontes da vida".

Quando uma criança está bem integrada, ela consegue usufruir de todas as possibilidades da vida, sem peso, medo ou autocobrança excessiva! Nosso papel, como pais, é ter a certeza de que, de todas as coisas que podemos cuidar dos nossos filhos, a mais importante delas é o coração do texto bíblico, ou seja, devemos guardar a sede das emoções.

Os pais e outros cuidadores fornecem experiências e contribuições cruciais para a integração e saúde mental da criança. Isso leva a um melhor autocontrole, maior sucesso acadêmico, melhores habilidades de tomada de decisão, e relacionamentos mais fortes. Pessoas com cérebros integrados exibem esses traços em seus domínios emocional e intelectual.

Pontos importantes:

1- No início da vida de um bebê, se houver a presença desde o berço, é natural que aconteça uma relação simbiótica entre os envolvidos; uma relação funcional próxima, harmoniosa e produtiva entre dois ou mais seres, que interagem ativamente para benefício mútuo.

2- O melhor presente que podemos dar aos nossos filhos é uma vida equilibrada, na qual eles tomam decisões que, embora nem sempre acertadas, estão dentro do controle emocional.

"É a educação que faz
o futuro parecer um
lugar de esperança e
transformação."

Marianna Moreno

5 PASSOS INFALÍVEIS

Seria maravilhoso se a criação de filhos seguisse os famosos 5 passos para o sucesso, ou protocolos internacionais de como criar um filho, ou ainda, receitas precisas como a de preparo de um bolo. Mas lamento frustrar suas expectativas, pois isso não existe! Acreditamos, sim, que todos nós temos padrões de comportamento, e entender os padrões nos ajuda muito a sermos pais melhores; mas isso não abre espaço para um passo a passo preciso, ou para uma fórmula mágica. Podemos caminhar muito melhor com conhecimento, mas nunca passaremos pela jornada da paternidade sem preocupações, culpas ou sentimento de que deixamos algo por fazer.

As nossas necessidades de infância, por vezes, se esbarram nos sonhos que projetamos em nossos filhos, e quando isso acontece, corremos o risco de repetir em nossos pequenos os nossos padrões, ignorando completamente a possibilidade de que eles tenham uma vida distinta dos nossos ideais.

Falar sobre educação é muito fácil; viver o processo é extremamente desafiador. Quando estamos dispostos a sinalizar, ponderar ou até mesmo julgar a maneira como o outro cuida de seus filhos, fazemos isso com maestria porque não estamos envolvidos emocionalmente; pois quando é conosco, o fator emocional muitas vezes nos impede de agir racionalmente, e por vezes tomamos atitudes que outrora condenaríamos.

O palestrante e autor de livros sobre criação de filhos Marcos Piangers contou que, certa vez, estava em um supermercado com suas filhas, e a mais nova começou um grande episódio de pirraça, recheado de gritos e rolamentos ao chão, pois queria que ele comprasse um produto em excesso. Nesse fatídico dia, uma pessoa, passando pelo mesmo corredor em que ele estava, o reconheceu. A pessoa se dirigiu a ele e lhe deu aquele tapinha nas costas, seguido da mensagem ironizada: "Escrever é fácil!".

Sabemos que no dia a dia, o dinamismo das coisas é assustador; não conseguimos controlar tudo como gostaríamos, mas se eu pudesse deixar para você os 5 passos infalíveis para sermos bons pais, seriam:

1º- Esteja presente; 2º- Esteja presente; 3º- Esteja presente; 4º- Esteja presente; 5º- Esteja presente.

Acredite que a sua presença fará diferença em todas as experiências que seu filho vivenciar. Esteja atento aos padrões, mas não se condene quando não conseguir atendê-los. Seja o super-herói, mas não o do quadrinho, que voa e tem poderes sobrenaturais; seja o super--herói que abraça, fala a verdade, coloca pra dormir e está pronto para qualquer desafio com ele. Dê exemplos de amor, respeito, solidariedade e responsabilidade.

A brevidade da vida não nos permite perder tempo longe daqueles que amamos, muito menos perder aqueles que amamos por não dedicar tempo, mesmo quando fisicamente estamos juntos. Quando seu filho chama você para brincar, é a forma que ele tem pra dizer o quanto gosta de estar em sua presença. Quando pede para não ir ao trabalho, é a confirmação do quanto ele valoriza seu tempo! Quando lhe implora para dormir com ele, está dizendo o quanto você lhe passa segurança. E quando faz aquelas malcriações, ele está dizendo o quanto confia no seu amor, e que tem certeza de que não há nada que os afastará.

Esteja presente, e para ser verdadeiramente efetivo, esteja presente desde o berço.

Anotações

9 788568 488379